SIMON ABBOTT

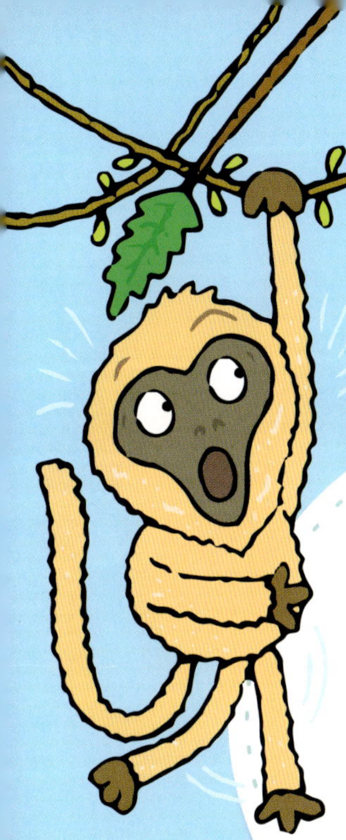

ANIMALES INCREÍBLES

Traducción de Iria Torres

fundación sm

**La Fundación SM destina los beneficios
de las empresas SM a programas
culturales y educativos, con especial
atención a los colectivos
más desfavorecidos.**

Si quieres saber más sobre los programas
de la Fundación SM, entra en
www.fundacion-sm.org

LITERATURA**SM**•COM

Primera edición: mayo de 2026

Dirección editorial: Berta Márquez
Edición ejecutiva: Patrycja Jurkowska

Publicado por primera vez en Reino Unido en 2025
por Wayland, un sello de Hachette Children's Group,
parte de Hodder and Stoughton.

ISBN: 978-84-1055-255-5
Depósito legal: M-23456-2025
Impreso en China / *Printed in China*

MIXTO
Papel | Apoyando la
silvicultura responsable
FSC® C144853

ÍNDICE

¡ADÉNTRATE EN EL INCREÍBLE MUNDO DE LOS ANIMALES!

Prepárate para conocer la asombrosa diversidad de nuestro planeta. ¿Sabías que lo compartimos con **6.000** especies de mamíferos, **10.000** tipos de reptiles y **11.000** aves diferentes? Además, hay **33.000** tipos de peces, más de **8.000** de anfibios ¡y **1 millón** de especies de insectos!

Estas criaturas fascinantes se han adaptado para sobrevivir en todos los rincones del planeta, desde la cima más alta hasta la madriguera más profunda.

Pueden afrontar el calor abrasador de los desiertos y desafían las gélidas temperaturas de los icebergs.

Descubre a las especies más inteligentes, a los velocistas más rápidos, a las superestrellas más fuertes y a los pesos pesados que rompen la báscula.

ASÍ QUE PASA LA PÁGINA Y EMBÁRCATE EN UNA AVENTURA… ¡ÚNICA EN SU ESPECIE!

UN PASO ATRÁS EN EL TIEMPO

Los animales han estado caminando, corriendo, saltando, trepando, brincando y balanceándose por el planeta Tierra durante más de **210 millones** de años.

El mamífero más antiguo que se conoce es el *Morganucodon*. Esta pequeña criatura, parecida a una musaraña, no era más grande que un teléfono móvil y pesaba lo mismo que una pelota de tenis.

Todos los animales (¡incluso tú!) han evolucionado de criaturas que sobrevivieron a la devastadora extinción de los dinosaurios.

¡AMIGOS PELUDOS!

Hace entre **12.000** y **14.000** años, la gente se dio cuenta de que los lobeznos podían ser adiestrados. Este animal es el ancestro lejano de todos los perros modernos.

Pero ¿qué hace que un animal sea un mamífero? ¿Y qué requisitos debe cumplir un reptil? Veamos si esto te ayuda:

RASGOS BÁSICOS DE LOS MAMÍFEROS

1. Son de sangre caliente.
2. Regulan el calor desde el interior de su cuerpo (es decir, son **endotérmicos**).
3. Alimentan a sus crías con leche.
4. Son vertebrados, por lo que tienen columna vertebral y esqueleto óseo.
5. Poseen un cerebro más desarrollado que otros animales.
6. Respiran oxígeno.

REQUISITOS DE LOS REPTILES

1. Son de sangre fría.
2. Dependen de su entorno para obtener calor (es decir, son **ectotérmicos**).
3. La mayoría de los reptiles ponen huevos en tierra.
4. Son vertebrados.
5. Tienen cuerpos escamosos en lugar de pelo o plumas.
6. ¡Y también respiran oxígeno!

REQUISITOS DE LAS AVES

1. Son de sangre caliente.
2. Son endotérmicos.
3. Se reproducen mediante huevos.
4. ¡También son vertebrados!
5. Presentan plumas en lugar de pelo o escamas.
6. Poseen pico en lugar de dientes.

DATO AL VUELO

Las aves surgieron hace **150 millones** de años, a partir de un grupo de dinosaurios carnívoros llamados **terópodos**. ¡Así que están más emparentadas con los reptiles que con los mamíferos!

HOGAR, DULCE HOGAR

Parte de la historia de éxito de los animales radica en su capacidad para adaptarse a casi cualquier entorno o hábitat. En nuestro planeta hay **diferentes** hábitats terrestres. ¡Hagamos un viaje para verlos todos!

HÁBITAT	CONDICIONES	¿QUIÉN VIVE AQUÍ?
Montaña En todo el mundo.	Clima frío y ventoso, con poco para comer.	Leopardos de las nieves, borregos cimarrones, liebres de montaña, cabras montesas, águilas reales, buitres y lagartos.
Sabana Grandes pastizales en zonas tropicales y subtropicales.	Clima cálido y seco, con algunas lluvias torrenciales de hasta **1.000 milímetros** al año.	Elefantes africanos, jirafas, leones, suricatas, gacelas, cebras, avestruce, flamencos y cocodrilos del Nilo.
Bosque de coníferas Zonas frías del hemisferio norte.	Inviernos fríos y secos, y veranos cálidos y húmedos. Los árboles tienen hojas todo el año. 	Alces, castores, lobos, ardillas, renos, pájaros carpinteros, búhos, salamandras y serpientes de jarretera.
Bosque caducifolio Regiones templadas de Europa, Asia, América del Norte y América Central.	Clima templado y húmedo. Los árboles crecen rápido en verano y pierden sus hojas en invierno.	Conejos, zorros, osos, tejones, ciervos, halcones, arrendajos, tortugas y ranas.
Casquetes polares Polo Norte y Polo Sur.	Las temperaturas más frías del planeta, con hielo y nieve.	Focas, osos polares, zorros árticos, pingüinos, frailecillos y charranes árticos.

La Antártida es el continente más frío, con una temperatura media de -57 °C.

ÁBITAT	CONDICIONES	¿QUIÉN VIVE AQUÍ?
osque tropical erca del ecuador, a línea imaginaria ue divide la Tierra n dos hemisferios.	Tiempo cálido y húmedo, con plantas abundantes. En la Amazonia caen entre **1.800 y 3.000 mililitros** de lluvia al año.	Nutrias gigantes, jaguares, monos aulladores, macacos, cálaos, arpías, caimanes e iguanas. 
esiertos cálidos ´rica, Australia, éxico y suroeste e Estados Unidos.	Clima cálido, seco y árido, con poca vegetación.	Camellos y dromedarios, zorros del desierto, jerbos, perritos de las praderas, águilas pescadoras, terreras saharianas, dragones barbudos y gecos.

El Sáhara es el desierto más cálido y seco de la Tierra, con una precipitación media de solo 76 milímetros y temperaturas que superan los 50 ˚C.

undra egiones circumpolares e América del Norte, uropa y Siberia.	Congelada gran parte del año, aunque se derrite ligeramente en primavera y verano.	Liebres árticas, lemmings, osos polares, yaks, morsas, búhos nivales y eideres reales.
stepas y praderas andes llanuras e pastizales en Australia, mérica del Norte América del Sur.	Clima estacional, que incluye tornados, ventiscas, sequías e incendios ocasionales.	Bisontes, caballos salvajes, liebres, ibis, avefrías, tortugas leopardo y mambas negras.
osque mediterráneo spaña, Grecia, Turquía, ria, Egipto.	Clima cálido, con lluvias poco abundantes.	Linces ibéricos, monos de Gibraltar, águilas imperiales ibéricas, cigüeñas, pelícanos, lagartos, lagartijas y salamanquesas.

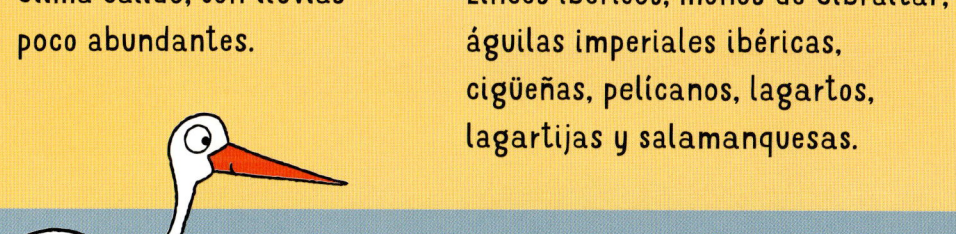

La selva amazónica es una maravilla de **6,7 millones de km^2** que se extiende por ocho países de América del Sur. De hecho, ¡podrías meter **13** penínsulas ibéricas dentro de ella!

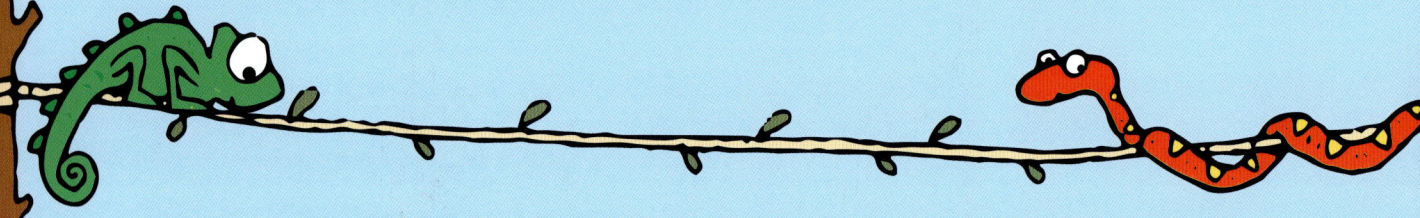

Pero ¿por qué es tan importante? Bueno, gracias a su clima cálido y húmedo, la Amazonia es un paraíso para las plantas, que crecen durante todo el año. Y donde hay plantas, hay vida animal: ¡no hay más que ver las **427** especies de mamíferos que viven aquí! Estas criaturas increíbles comparten la selva con **40.000** especies de plantas, **1.300** variedades de aves, **3.000** tipos de peces y **2,5 millones** de insectos. Alucinante, ¿verdad?

De hecho, la selva amazónica es el hogar del **10%** de todas las especies de seres vivos conocidas en nuestro planeta.

La selva tropical se puede dividir en **cuatro** capas diferentes:

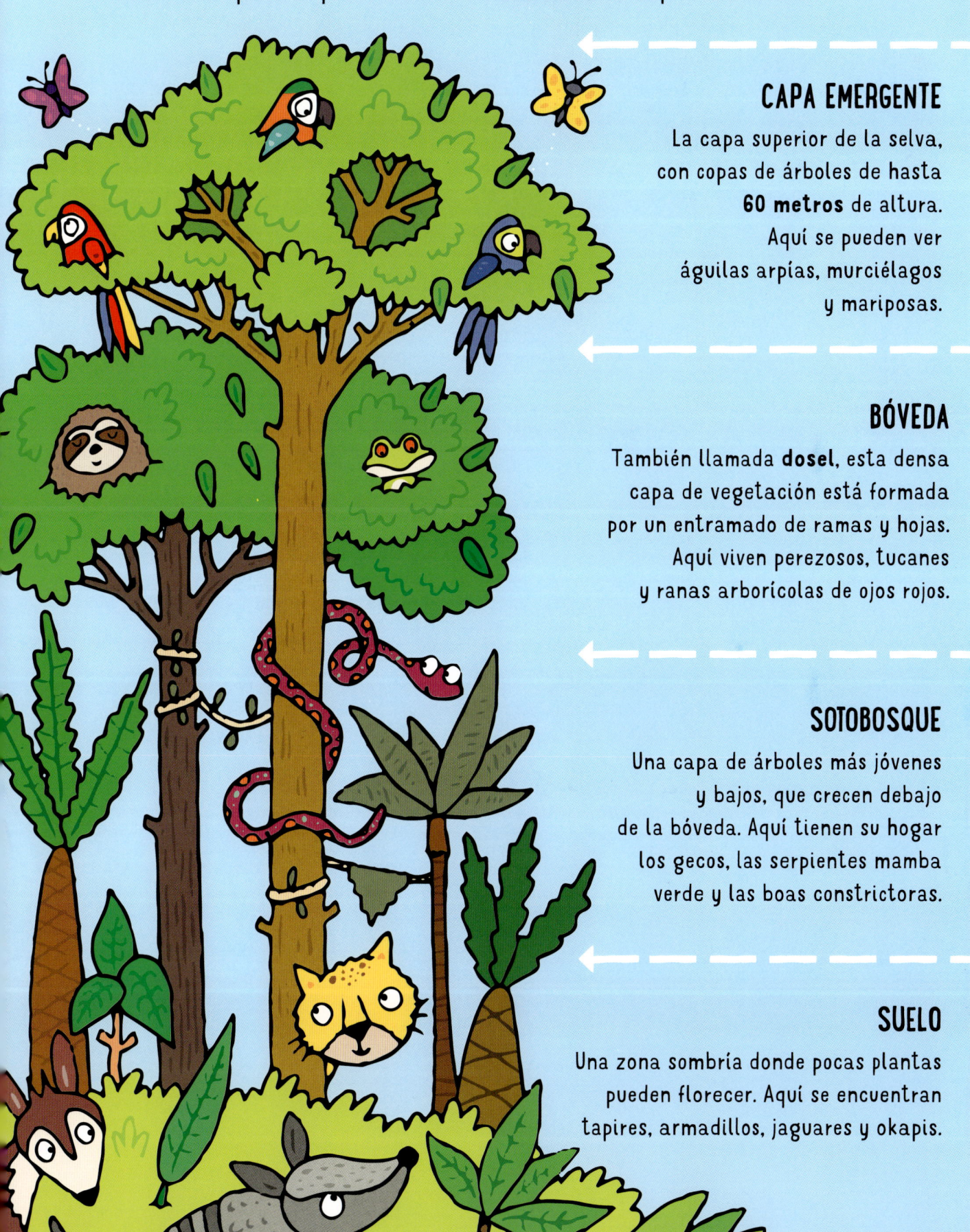

CAPA EMERGENTE

La capa superior de la selva, con copas de árboles de hasta **60 metros** de altura. Aquí se pueden ver águilas arpías, murciélagos y mariposas.

BÓVEDA

También llamada **dosel**, esta densa capa de vegetación está formada por un entramado de ramas y hojas. Aquí viven perezosos, tucanes y ranas arborícolas de ojos rojos.

SOTOBOSQUE

Una capa de árboles más jóvenes y bajos, que crecen debajo de la bóveda. Aquí tienen su hogar los gecos, las serpientes mamba verde y las boas constrictoras.

SUELO

Una zona sombría donde pocas plantas pueden florecer. Aquí se encuentran tapires, armadillos, jaguares y okapis.

Vamos a acelerar un poco las cosas... ¿Quién ganaría una carrera de velocidad en la selva amazónica? Después de una reñida competición, ¡tendríamos un empate!

Tanto el **jaguar** como el **águila arpía** alcanzan una velocidad de **80 km/h**. ¡Así que medalla de oro para los dos!

Es hora de sacar la báscula y la cinta métrica. Veamos qué habitantes de la selva tropical se merecen un lugar en el libro de los récords.

El primero es el manatí amazónico. Con un peso de casi **500 kilos** y una longitud de **2,8 metros**, esta criatura colosal es más larga que tu cama ¡y el mamífero más largo de toda la Amazonia!

El **capibara** es el roedor más grande del mundo.

Puede pesar hasta **65 kilos**, es decir, el doble que un dálmata. Además, es una estrella de la natación: gracias a sus pies palmeados, ¡chapotea por todo el río Amazonas!

Tápate las orejas: ha llegado el momento de conocer al animal más ruidoso de la Amazonia. ¡Enhorabuena, **mono aullador**! Este mamífero emite uno de los alaridos más estridentes del reino animal.

Sus ensordecedores chillidos y ladridos sirven para dar la alarma o intimidar a otros monos que se han colado en su territorio, y se pueden oír hasta a **5 kilómetros** de distancia.

¡MENUDO ESTRUENDO! Con **140 decibelios**, el grito del mono aullador es tan ruidoso como el motor de un avión a reacción ¡e incluso más que un taladro neumático!

l premio al mejor cazador es para un ave ápida y mortal: el **águila arpía**.

Esta imponente criatura despliega una envergadura de **2 metros**, lo que le permite planear sobre la selva como una asesina silenciosa.

Su visión es muy precisa y **ocho veces** más potente que la humana. Una vez que localiza a su presa, se abalanza sobre ella y la aferra con unas garras de hasta

13 centímetros.

Nada está fuera de su alcance: entre sus presas se incluyen perezosos, monos, guacamayos, serpientes e incluso crías de ciervo.

Si estás pensando viajar a la selva amazónica, quizá te resulte útil este resumen de los **animales con los que te conviene guardar las distancias**. ¡Luego no digas que no te lo advertimos!

¡EL 5.° MÁS MORTAL! ☠️

LA ANGUILA ELÉCTRICA

LA ANACONDA VERDE

¡EL 4.° MÁS MORTAL! ☠️

La buena noticia es que estas serpientes no son venenosas.

Pero la mala noticia es que asfixian a sus presas con sus fortísimos músculos.

¡EL **3.°** MÁS MORTAL!

EL JAGUAR

Su nombre proviene de la palabra guaraní **yaguar**, que significa «aquel que mata de un salto».

¿Hace falta decir más?

LA PIRAÑA

¡EL **2.°** MÁS MORTAL!

Gracias a sus fuertes mandíbulas y sus afilados dientes, que encajan perfectamente entre sí, estos peces cortan la carne con gran eficiencia.

¡Qué miedito!

1.° ¡EL ANIMAL MÁS MORTAL DE LA SELVA!

LA RANA DARDO VENENOSA

Estos reptiles tienen colores llamativos, así que deberían ser fáciles de ver. Sin embargo, algunas especies poseen suficiente veneno como para matar a **10** seres humanos. ¡Uf!

¿Sabías que el **30%** de la superficie terrestre está cubierto por desiertos? Y no son lugares siempre cálidos y arenosos, ¡incluso la Antártida puede considerarse un desierto! Pero ¿qué es un desierto? Bueno, es un lugar que pierde más agua por evaporación de la que obtiene por lluvia.

En algunos desiertos, como el **desierto de Atacama**, en Chile, apenas cae **1 milímetro** de lluvia al año.

¡Eso es nada y menos!

¿SABÍAS QUE…?

El lugar más caluroso de la Tierra es el **desierto de Lut**, en Irán, donde se han registrado temperaturas de **70,7°C**.

Para que te hagas una idea, la temperatura media de la Tierra es de solo **15°C**.

°C — TEMPERATURA MEDIA DE LA TIERRA

°C — TEMPERATURA MÁS ALTA DE LA TIERRA

El desierto más grande del mundo es la **Antártida**.

Cubre un área de **14,2 millones de km²**, es decir, ¡una **décima parte** de la superficie terrestre del planeta!

El desierto cálido más grande es el **Sáhara**.

Con **9,4 millones de km²**, tiene un tamaño similar al de Estados Unidos. Y, pese a su paisaje árido y el calor de **50°C**, este desierto es el hogar de **2,5 millones** de personas, **70** especies de mamíferos, **90** tipos de aves, **100** variedades de reptiles y un enorme número de insectos.

Veamos cuáles son los secretos de los supervivientes del desierto.
¿Cómo se adaptan a algunas de las condiciones más duras del planeta?

CAMELLOS

Los camellos y dromedarios tienen una forma única de almacenar **grasa** en sus jorobas, lo que les ayuda a sobrevivir en condiciones difíciles, ya que les proporciona energía y regula su temperatura corporal.

Estos animales pueden extraer el **vapor de agua** del aire que exhalan y reabsorberlo dentro de su cuerpo.

Gracias a una lengua y unos labios duros y a una boca revestida de firmes protuberancias, llamadas papilas, los dromedarios pueden masticar sin lastimarse las plantas espinosas del desierto.

También son capaces de reducir la pérdida de agua, ya que su **orina** es como un jarabe espeso y sus **heces**, muy secas. (De hecho, ¡pueden utilizarse para hacer fuego!).

Durante los largos periodos sin agua, los dromedarios pueden perder hasta el **30 %** de su peso corporal, ¡mucho más que la mayoría de los mamíferos!

Sus **cejas tupidas** y sus **largas pestañas** protegen sus ojos de la arena y el polvo. ¡E incluso tienen un **tercer** **párpado** que actúa como limpiaparabrisas!

Además, pueden cerrar sus **orificios nasales** por completo, lo que les da una protección extra contra el polvo del desierto.

Con solo **dos** dedos y unas **pezuñas** anchas, se mueven por el desierto sin hundirse en la arena blanda.

Sus pezuñas tienen unas **almohadillas** de cuero especiales que les permiten descansar sobre la arena caliente sin quemarse.

BERRENDO

Sus largas patas le permiten correr por el desierto arenoso y dar saltos de hasta **6 metros**.

Sus cuernos le ayudan a defenderse de los depredadores. Tiene un estómago formado por **cuatro cámaras**, lo que le permite extraer la mayor cantidad de nutrientes de la escasa vegetación del desierto.

JERBO

Construye madrigueras para refugiarse del extremo calor diurno. En proporción a su tamaño, las orejas del jerbo son las más grandes del reino animal, y le ayudan a regular su calor corporal.

Posee unos pliegues de piel que le permiten cerrar las fosas nasales para protegerse de la arena y el polvo.

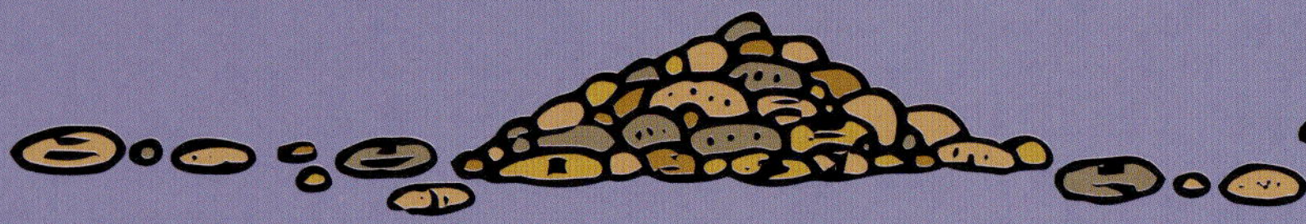

El jerbo necesita beber poca agua. Varios estudios han probado que puede sobrevivir a base de **semillas secas** durante **3 años**.

Cuando se siente amenazado, el **lagarto cornudo** dispara un chorro de sangre por los ojos para confundir a sus posibles depredadores.

La sangre, que puede rociar a una distancia de hasta
1,2 metros,
contiene una sustancia química que irrita a muchos de sus enemigos.

LÁGRIMAS ROJAS

ZORRO DEL DESIERTO

Sus patas cubiertas de pelo le brindan protección frente a la arena caliente.

El pelaje largo y espeso de este zorro le proporciona aislamiento en las noches frías y lo protege del sol durante el día.

Sus enormes orejas de entre
10 y 15 centímetros
le ayudan a disipar el calor de la sangre que circula por ellas.

INCREÍBLE PERO CIERTO

Los **buitres** tienen un método peculiar para refrescarse: ¡se hacen caca encima! La humedad de la orina y las heces enfría la sangre de las zonas sin plumas, lo que reduce la temperatura de su cuerpo.

Al parecer, es más eficaz que jadear. ¡Tendremos que fiarnos de su palabra!

REYES DEL FRÍO

La siguiente aventura nos lleva hasta el lugar más frío de la Tierra, donde las temperaturas pueden alcanzar unos estremecedores **-98 °C**.

°C
| 60 — |
| 40 — |
| 20 — |
| 0 — |
| -20 — |
| -40 — |
| -60 — |
| -80 — |
| -100 — |

TEMPERATURA MEDIA EN LA TIERRA

°C
| 60 — |
| 40 — |
| 20 — |
| 0 — |
| -20 — |
| -40 — |
| -60 — |
| -80 — |
| -100 — |

TEMPERATURA MÁS FRÍA EN LA TIERRA

Los **osos polares** están perfectamente adaptados para sobrevivir en el gélido Ártico.

Su grueso pelaje de **doble capa** y su manto de grasa los mantienen calentitos, mientras que sus guaridas de nieve les ofrecen protección contra los vientos fuertes. Estas criaturas peludas también tienen una forma única de conservarse limpias: ¡se revuelcan en la nieve o se dan un chapuzón en el mar helado! ¡Brrrrr!

PESOS PESADOS

Los osos polares pueden pesar hasta **771 kilos**, ¡cinco veces más que un panda! Al nacer, las crías de oso polar son del tamaño de un conejillo de Indias.

Los **osos polares** son grandes nadadores.

Sus largas patas delanteras actúan como remos, mientras que sus pies palmeados y sus patas traseras, que mantienen quietas como un timón, les permiten avanzar a través de las olas del Ártico a **10 km/h**.

Un oso polar promedio come **2 kilos** de grasa al día.

Cazan focas y utilizan su increíble sentido del olfato para rastrear cadáveres de ballenas, narvales o morsas a casi **32 kilómetros** de distancia.

El estómago de un oso polar puede contener hasta el **20 %** de su peso.

ILUSIÓN ÓPTICA

¿Sabías que los osos polares no son blancos?
En realidad, su pelaje es transparente, lo que hace que refleje la luz y se vea blanco. Cada pelo atrapa y dirige los rayos del sol hacia la piel del oso, que es negra, para absorber el calor y mantenerlo calentito.

La **liebre ártica** es la reina del camuflaje. En invierno, su pelo es blanco como la nieve, y en verano se vuelve gris azulado para confundirse con las rocas y la vegetación.

Esta liebre pesa **6,8 kilos**, el doble que un gato promedio.

Para mantenerse calientes, estas liebres forman grupos de hasta **200** individuos y pueden correr a **64 km/h** para huir de los depredadores. En invierno, estos animales tenaces escarban en la nieve en busca de plantas leñosas, musgo y líquenes que mordisquear.

Una forma de adaptarte cuando estás helado es... ¡escapar!
El **charrán ártico** vuela **35.000 kilómetros** cada año desde el Ártico hasta la Antártida. Así, disfruta del verano todo el año: una parte en el Polo Norte y otra parte en el Polo Sur.
¡Se trata de la migración anual más larga del mundo!

¡SIN VUELTA ATRÁS!

Con una longitud de **109 centímetros** (cola incluida), el **zorro ártico** es casi **cuatro veces** más alto que este libro.

Viven en madrigueras y excavan túneles en la nieve durante las ventiscas.

Para evitar la pérdida de calor, el zorro esconde la cabeza y las patas debajo del cuerpo y detrás de su cola peluda.

Los **zorros árticos** comen una gran variedad de alimentos, como lemmings, topillos, aves marinas e incluso restos de animales cazados por los osos polares.

Engordan en otoño para estar bien abrigados durante los meses de invierno. A veces, llegan a aumentar su peso más de un **50 %**.

¡Sabías que los **pingüinos emperadores** del Antártico alcanzan **122 centímetros** de altura! ¡Son más altos que un palo de golf! Y sus antepasados eran aún más impresionantes: algunos fósiles han revelado que los megapingüinos de hace **37 millones de años** eran casi el doble de altos. ¡Alucina!

Los pingüinos emperador se mantienen calientes gracias a **dos** capas de plumas, una capa de grasa, picos y aletas pequeños para evitar la pérdida de calor y, a falta de calcetines, ¡patas recubiertas de plumas!

Las colonias de **5.000** o más aves se apiñan para mantener la temperatura. Pero descuida: ¡todos se turnan para estar en la parte exterior, donde hace frío!

Tienen un apetito voraz y comen hasta **3 kilos** de pescado y calamares al día. Esta cantidad se duplica cuando se preparan para el invierno.

Se ha observado a pingüinos emperador zambulléndose a una profundidad de **564 metros**,

¡el equivalente a casi dos torres Eiffel apiladas una encima de otra!

Estas inmersiones pueden durar hasta **32 minutos**. ¡Guau!

TRABAJO EN EQUIPO

Después de poner el huevo, mamá pingüino se va en busca de comida. El padre incuba el polluelo durante **65 días**, enfrentándose a tormentas heladas y temperaturas gélidas. Para protegerlo, equilibra el huevo sobre sus patas y lo mantiene caliente con la bolsa incubadora, una capa de piel cubierta de plumas. Cuando la hembra regresa un par de meses después, alimenta a su cría con comida regurgitada. ¡Bien hecho, pareja!

MAESTROS DE LAS ALTURAS

Ponte las botas de montaña: ¡nos vamos a descubrir animales que no temen a las alturas! ¿Cómo se han adaptado estas especies al clima hostil, a la escasez de alimentos y a los bajos niveles de oxígeno de la montaña?

En la cima de la cadena alimentaria de la montaña está el **leopardo de las nieves**. Gracias a sus anchas zarpas y a las adaptaciones de su sistema respiratorio para absorber mejor el oxígeno, este gran felino puede correr fácilmente por el terreno nevado sin hundirse. Además, sus poderosas patas traseras son capaces de saltar hasta **15 metros**, ¡el equivalente a cuatro hipopótamos en fila!

El pelaje moteado del **leopardo de las nieves** le ayuda a confundirse perfectamente con el entorno, lo que le ha valido el apodo de «fantasma de las montañas».

El **águila real** es la reina de la velocidad en la alta montaña!

Cuando caza, esta ágil depredadora puede lanzarse en picado

a más de **241 km/h**.

Una vez que atrapa a su presa, es muy difícil que la suelte. Sus ocho garras

ejercen una increíble fuerza de agarre de **3.447 kilopascales**

(una unidad de medida de presión), ¡lo suficiente para reventar

el neumático de un coche!

La fuerza de agarre promedio en humanos es de solo **400 kilopascales!**

¡LUCHADORES LANUDOS!

Los **borregos cimarrones** son famosos por
sus grandes cuernos, que pueden pesar hasta
13,6 kilos,
¡más que todos los huesos de su cuerpo juntos!
Esta cornamenta les resulta muy útil cuando se pelean
contra otros machos, y a veces embisten a su rival
a **32 km/h**.
Por suerte, su cráneo grueso y huesudo evita
la mayoría de las lesiones graves.

¿Has oído hablar del increíble **tar del Himalaya**?
Es una cabra salvaje que se puede ver en lo alto
de las montañas de China, India y Nepal.

Estos animales tan adaptables tienen pezuñas
con un núcleo gomoso y esponjoso que les ayuda
a agarrarse a las rocas lisas y resbaladizas.
Además, sus pezuñas están recubiertas de
un material resistente llamado queratina.

¿Y sabes qué?
¡Tus uñas están hechas del mismo material!

Puedes encontrar **gorilas de montaña** en las laderas volcánicas de Ruanda, Uganda

y la República Democrática del Congo. Viven en «tropas» organizadas de unos **30** gorilas,

lideradas por un macho mayor llamado un «espalda plateada».

Si alguien desafía su liderazgo, ¡más le vale andarse con ojo! El espalda plateada

se pondrá de pie y rugirá, lanzará objetos, atacará a su rival y se golpeará el pecho.

El título de campeón de la hibernación pertenece
al **pósum pigmeo oriental** de Australia.

¡Este dormilón se echó una siesta durante la friolera
de **367 días!**
Si pudieras hibernar, ¿cuánto tiempo te gustaría dormir?

DULCES SUEÑOS

La **marmota alpina** evita el frío invierno
de la montaña hibernando durante unos **200 días**,
desde principios de octubre hasta finales de abril.

Las marmotas se acurrucan en familia en busca de calor.
Para ahorrar energía, su ritmo cardiaco baja a **5 latidos**
por minuto y su respiración a solo **3 por minuto**.

¡Qué listas!

CAMPEONES DE LA SABANA

Vamos a descubrir a las increíbles criaturas que viven en las secas y polvorientas sabanas. ¿Estás listo para conocer a unos animales de récord?

La **jirafa** se lleva el premio al animal más alto de la Tierra. Además, tiene la lengua más larga, ¡que mide la increíble cifra de
50 centímetros!

Veamos la altura de una jirafa en comparación con otros animales:

6 m	4 m	3 m	2,7 m	2,3 m	1,7 m
Jirafa	Elefante africano	Avestruz	Oso pardo (de pie)	Alce de Alaska	Ser humano

¡TOMA PATADA!
Las pezuñas de una jirafa son tan grandes como un plato. Una sola patada dejaría fuera de combate a un león o a cualquier otro depredador desprevenido. ¡Ups!

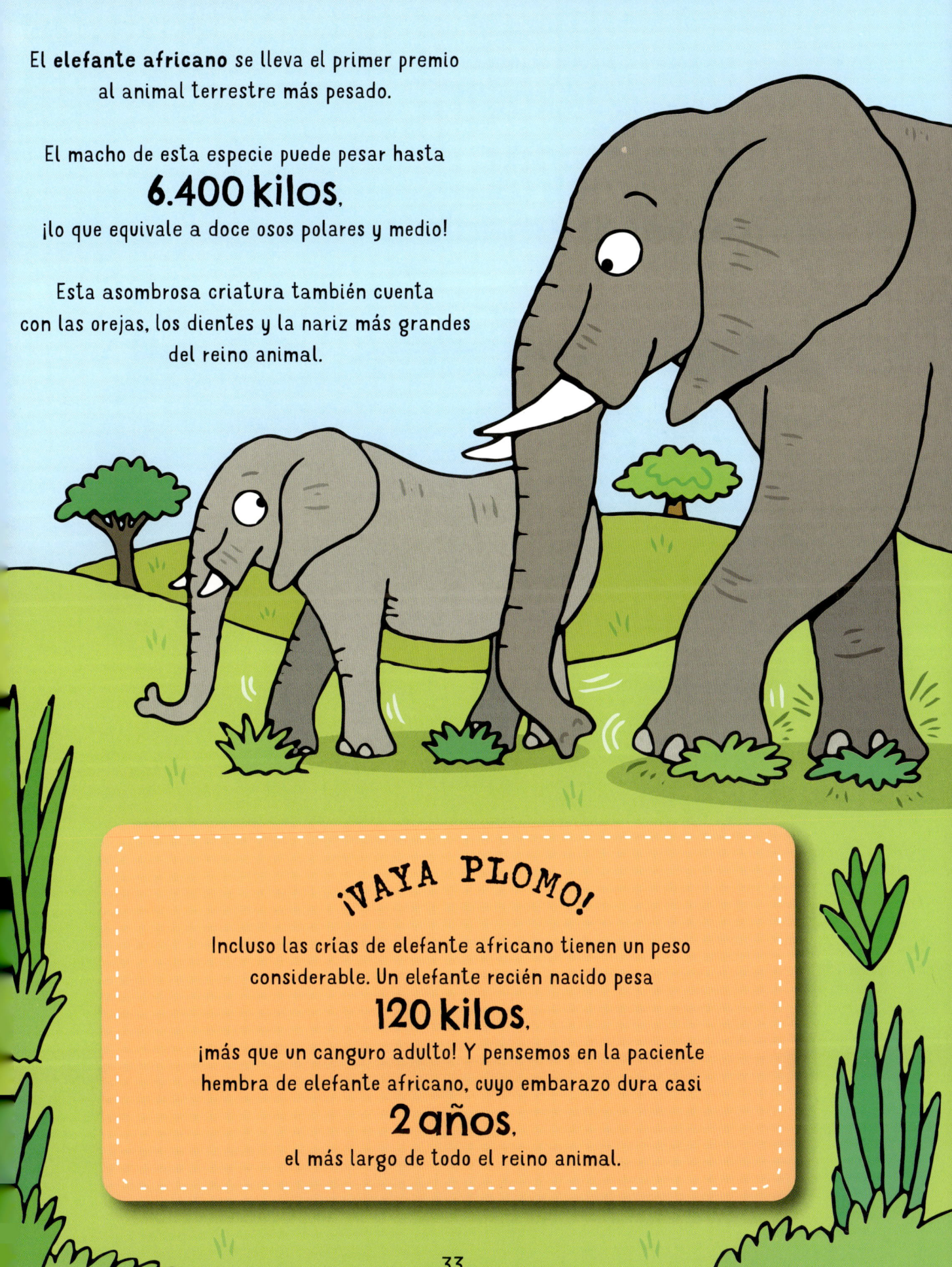

El **elefante africano** se lleva el primer premio al animal terrestre más pesado.

El macho de esta especie puede pesar hasta **6.400 kilos,** ¡lo que equivale a doce osos polares y medio!

Esta asombrosa criatura también cuenta con las orejas, los dientes y la nariz más grandes del reino animal.

¡VAYA PLOMO!

Incluso las crías de elefante africano tienen un peso considerable. Un elefante recién nacido pesa **120 kilos,** ¡más que un canguro adulto! Y pensemos en la paciente hembra de elefante africano, cuyo embarazo dura casi **2 años,** el más largo de todo el reino animal.

Cuando se trata de velocidad, ningún animal terrestre supera al **guepardo**.

Este gran corredor alcanza los **114 km/h**, y puede alcanzar

los **97 km/h** en solo tres zancadas. Sus largas patas

le permiten saltar más de **7 metros** en una sola zancada.

¡Guau! ¡Eso es **tres veces y media** la longitud de tu cama!

Echa un vistazo a los cinco animales más rápidos del mundo:

ANIMAL	VELOCIDAD MÁXIMA
1. Guepardo	114 km/h
2. Avestruz	90 km/h
3. Berrendo	88,5 km/h
4. Gacela saltarina	88 km/h
5. Caballo de carreras	88 km/h

10 km/h	20 km/h	30 km/h	40 km/h	50 km/h	60 km/h	70 km/h	80 km/h	90 km/h	100 km/h	110 km/h

La persona más rápida del mundo es el atleta Usain Bolt, con un récord de 44 km/h.

CORREDOR NATO

El **antílope americano** es un corredor de fondo increíble, capaz de mantener una velocidad constante de **56 km/h** durante varios kilómetros. Esto se debe a sus pezuñas acolchadas y a su eficiente absorción de oxígeno mientras corre.

Un pequeño consejo: ¡nunca molestes a un **avestruz**!

Con sus **159 kilos** de peso y sus **2,7 metros** de altura, esta ave gigantesca te mirará por encima del hombro.

Y aunque no pueda volar, ¡sí que sabe correr!

Puede recorrer **5 metros** en una zancada, extendiendo sus alas rechonchas para mantener el equilibrio. Si te alcanza, ¡aléjate de su potente patada y de sus afiladísimas garras de **10 centímetros** de largo!

El **ñu africano** se lleva el trofeo al mayor viajero.

Cada año, **1,5 millones** de ñus se embarcan en un viaje de **800 kilómetros** desde el Serengueti hasta el Masái Mara en busca de pastos ricos en minerales.

Durante el camino, se enfrentan a varios desafíos, como grandes felinos depredadores y aguas infestadas de cocodrilos. La gran migración de ñus se considera una de las siete maravillas del mundo natural.

¡A COMER!

¡Es la hora de la comida! ¿Qué animales tienen el mayor apetito?
¿Cuáles son los superdepredadores y los cazadores más hábiles? ¡Vamos a verlo!

Los **leones** son los cazadores de élite del reino animal. ¿Sabías que las hembras cazan la mayor parte de la comida para sus familias? Pueden correr un **30%** más rápido que los machos, y su mordida es **diez veces** más fuerte que la de un perro.

Sus garras superafiladas crecen hasta casi **4 centímetros** de largo, y usan el **quinto** dedo de sus patas delanteras para sujetar a la presa. A los leones les gusta cazar en manada y, gracias a su habilidad para acechar de forma sigilosa, atrapan a los animales más lentos o débiles.

¿QUÉ OTROS ANIMALES SE MERECEN UN PREMIO AL MEJOR DEPREDADOR?

PITÓN DE BIRMANIA

Dieta   Mamíferos pequeños y aves. En una ocasión, ¡se encontró un caimán de **1,5 metros** dentro del estómago de una pitón de Birmania!

Técnicas de caza   Rastrea a su presa usando los sensores de calor que tiene en la mandíbula y los receptores químicos de su lengua.

Superpoder   Con los elásticos ligamentos de su mandíbula, ¡puede tragarse presas enteras!

TIGRE

Dieta   Jabalíes, ciervos y búfalos. Caza una vez a la semana, pero come hasta **41 kilos** de carne de una sola sentada.

Técnicas de caza   Cazador solitario y nocturno, acecha con paciencia antes de saltar sobre su presa.

Superpoder   Sus rayas únicas actúan como camuflaje entre la hierba alta y los árboles.

COCODRILO MARINO

Dieta
Cangrejos, tortugas y jabalíes. Ingiere hasta **2,2 kilos** de carne al día.

Técnicas de caza
Se queda al acecho bajo el agua, con solo los ojos y la nariz por encima de la superficie.

Superpoder
El cocodrilo tiene la mordida más potente que se ha medido. ¡Uf!

DRAGÓN DE KOMODO

Dieta
Cabras, cerdos, ciervos y jabalíes. Un dragón de Komodo puede comer nada menos que el **80%** de su peso corporal en una sola comida.

Técnicas de caza
Estos reptiles se valen de su camuflaje, paciencia, garras afiladas y dientes de tiburón.

Superpoder
Primero inyecta un potente veneno a su presa, y después la persigue durante kilómetros hasta que se desploma.

FOCA LEOPARDO

Dieta
Pingüinos, aves, peces y focas. Sus dientes delanteros son afilados y puntiagudos, perfectos para sujetar y desgarrar.

Técnicas de caza
Es capaz de nadar a una velocidad de hasta **40 km/h** y, cuando persigue a su presa, puede sumergirse hasta **76 metros** de profundidad. ¡Lo mismo que la envergadura de un avión de gran tamaño!

Superpoder
Esta foca despelleja a los pingüinos agarrándolos con sus dientes incisivos y sacudiéndolos con fuerza.

ÁGUILA REAL

Dieta
Liebres americanas, perritos de las praderas y roedores. A veces también cazan presas más grandes, como ciervos, borregos cimarrones y focas.

Técnicas de caza
Utiliza sus garras poderosas, su vista superaguda y su destreza en el aire para abalanzarse sobre presas desprevenidas.

Superpoder
El águila real puede caer sobre su objetivo a una velocidad de más de **320 km/h**.

El premio al pájaro más comilón del mundo se lo lleva el **colibrí**, ¡aunque quema las calorías al vuelo!

Mientras vuela, el corazón del colibrí late a

1.200 pulsaciones por minuto,

así que quema un montón de energía.

¡Tendrías que comer **300** hamburguesas al día

para igualar lo que come este pajarillo en 24 horas!

¿Y cómo olvidar al **elefante africano**, el animal terrestre más grande del planeta?

Este glotón se zampa la friolera de **150 kilos** de comida y bebe **7,5 litros** de agua al día.

¡Es como si tú te comieras más de **1.000** plátanos cada día!

Pero en cuestión de apetito, nadie supera a la **ballena azul**.

Este gigante del océano consume **3.600** kilos de kril al día, ¡lo que equivale al peso de ocho pianos de cola!

Parece mucho, ¡pero necesita alimentar un cuerpo de **181.000 kilos**!

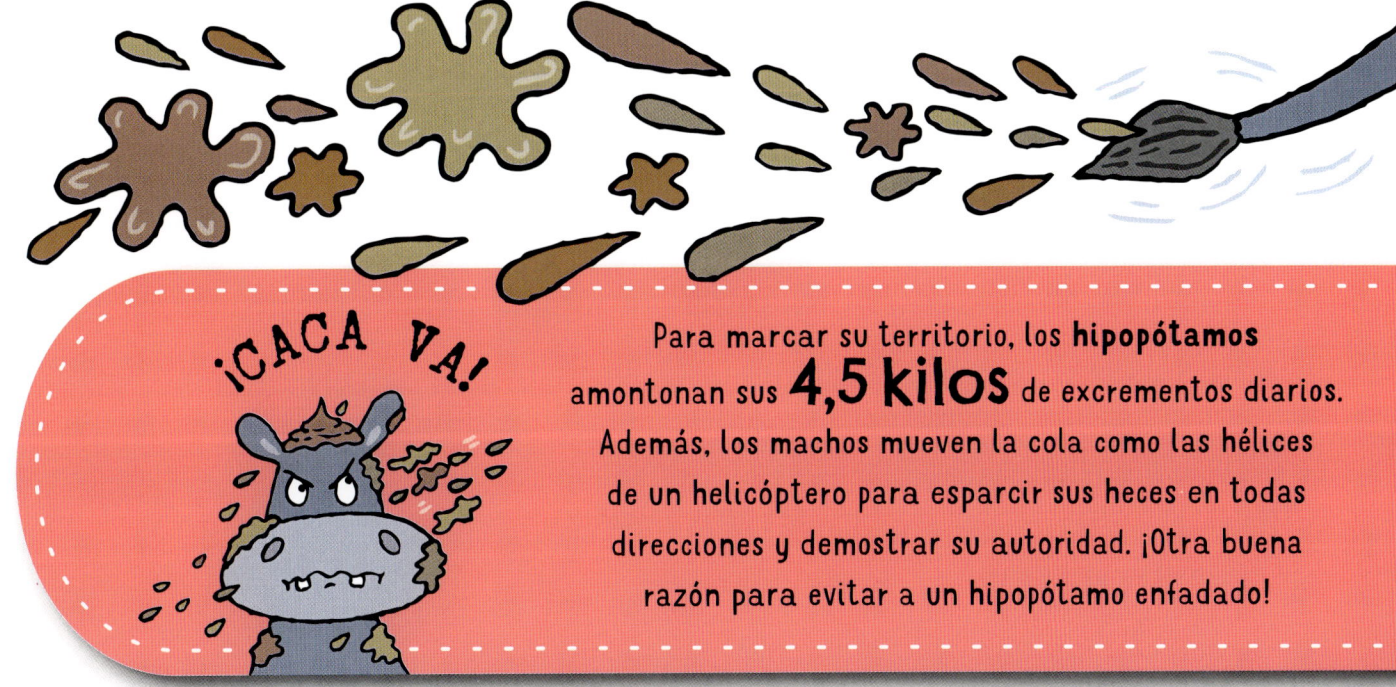

¡CACA VA!

Para marcar su territorio, los **hipopótamos** amontonan sus **4,5 kilos** de excrementos diarios. Además, los machos mueven la cola como las hélices de un helicóptero para esparcir sus heces en todas direcciones y demostrar su autoridad. ¡Otra buena razón para evitar a un hipopótamo enfadado!

Nuestros compañeros animales no solo son mascotas: también ocupan un papel importante en nuestras vidas. A continuación exploraremos sus actos de bondad y valentía, que nos demuestran su afecto y su lealtad.

La medalla Dickin se creó en 1943 para premiar la valentía de los animales. Desde entonces, la han recibido **34** perros, **32** palomas mensajeras, **cuatro** caballos y **un** gato, entre ellos:

Los labradores **Sally y Roselle**, perros guía. Fueron condecorados en 2011 por permanecer al lado de sus amos con ceguera y guiarlos a través de los **70** pisos de las Torres Gemelas, durante el ataque terrorista del 11 de septiembre de 2001.

El gato **Simon** (condecorado en 1949)
Simon es el único gato que ha recibido la medalla Dickin hasta la fecha. Pese a haber resultado herido en una explosión a bordo del *HMS Amethyst* durante la Segunda Guerra Mundial, Simon protegió las pocas raciones de comida que quedaban de una plaga de ratas, lo que subió la moral de los marineros que luchaban a bordo.

La **Sargenta Reckless**, una yegua de carga (condecorada póstumamente en 2016). A pesar de haber sido herida en dos ocasiones, esta valiente veterana de la guerra de Corea recibió la medalla por hacer **51** viajes en un solo día para rescatar a los soldados heridos de la zona de combate.

La paloma **GI Joe** (condecorada en 1946)
En **1943**, realizó un vuelo de **32 kilómetros** en **20 minutos** para llevar un mensaje que salvó la vida de **100** soldados aliados en la Segunda Guerra Mundial.

Los **perros guía** son animales increíbles que mejoran en gran medida la vida de las personas con discapacidad visual. Están especialmente adiestrados para guiar a sus amos por la calle, localizar objetos importantes como paradas de autobús, e incluso ayudarles a cruzar sin peligro por calles con mucho tráfico.

Los **perros de búsqueda y rescate** están adiestrados para encontrar a personas desaparecidas en un desastre natural o causado por el ser humano. Son capaces de localizar a personas atrapadas entre los escombros después de un terremoto, o sepultadas bajo casi **5 metros** de nieve. Los expertos estiman que un solo perro de búsqueda y rescate puede realizar el trabajo de **20** o **30** personas.

En Italia hay un grupo de élite de **350** perros que conforman la escuela italiana de perros de salvamento acuático. Cada año, estos valientes animales salvan **entre 20 y 30 vidas**. Su estricto entrenamiento dura 18 meses, antes de pasar a técnicas más avanzadas, como saltar desde helicópteros y lanchas motoras en marcha.

Los **perros de terapia** están especialmente entrenados para dar consuelo y afecto a quienes lo necesitan, a menudo en hospitales, residencias de mayores o colegios.

OLFATO DE ORO

¿Sabías que dentro de tu nariz hay unos **5 millones** de receptores olfativos? Son muchos, ¡pero los perros tienen más de **200 millones!** Por eso son rastreadores de primera clase, capaces de detectar explosivos, revisar equipajes y buscar a personas desaparecidas o atrapadas.

Towser fue una **gata** que vivió 24 años en la destilería Glenturrent, en Escocia. También puede presumir de ser la mejor cazadora de ratones del mundo, pues, según los cálculos, atrapó unos **28.899** roedores a lo largo de su vida. ¿Su recompensa? ¡Unas gotas de whisky en la leche cada noche!

En la década de 1870, las autoridades belgas decidieron reclutar a **37** gatos para que repartieran el correo en bolsas impermeables atadas a sus collares. El experimento fue un éxito a medias, y el plan se abandonó porque el temperamento de los gatos no se consideró fiable.

La **gata Tama** se convirtió en una celebridad en la red de trenes japonesa. En 2007, los responsables ferroviarios le otorgaron el título de jefa de estación y le asignaron la tarea de dar la bienvenida a los pasajeros. En lugar de un salario tradicional, Tama recibió una generosa provisión de comida para gatos para todo el año, una brillante placa dorada con su nombre y cargo, ¡y un adorable sombrero de jefa de estación!

¡Se cree que los visitantes que acudieron a verla aportaron **1.100 millones** de yenes a la economía local!

A lo largo de los años, varios animales han sido enviados al espacio con fines de investigación científica, entre ellos **ratones**, **gatos**, **ranas**, **moscas de la fruta**, **hormigas**, **medusas** y **32 monos**. En 1957, una **perra** llamada **Laika** se convirtió en el primer animal en orbitar la Tierra a bordo de la nave espacial rusa *Sputnik 2*. Laika no regresó, pero su valentía abrió nuevas posibilidades para la futura exploración espacial.

SALVEMOS EL PLANETA

La **biodiversidad** es el nombre que damos a la variedad de seres vivos que hay en la Tierra. Dependemos de la naturaleza para nuestras necesidades básicas: alimentos, agua limpia y aire puro.

Por desgracia, muchos seres vivos corren un grave peligro. Por increíble que parezca, el **30%** de los mamíferos está en peligro de extinción, y **41.000** especies están actualmente amenazadas.

ALGUNAS DE LAS CAUSAS DE ESTA CRISIS GLOBAL SON:

 **Los cambios en el uso de la tierra y el mar** (Por ejemplo, la tala de bosques para convertirlos en tierras de cultivo)

 La explotación de recursos naturales (Por ejemplo, la sobrepesca y la minería)

 **El aumento de las temperaturas globales** (Por ejemplo, obliga a algunos animales a cambiar de hábitat)

 La contaminación (Por ejemplo, hace que la Tierra no sea apta para la supervivencia de plantas y animales)

 **La propagación de especies invasoras** (Por ejemplo, transmite enfermedades a animales autóctonos sin inmunidad natural)

ESTOS SON LOS ANIMALES MÁS AMENAZADOS:

Rinoceronte de Java
Leopardo del Amur
Tigre de la isla de Sunda
Gorila de montaña
Orangután de Tapanuli
Marsopa lisa
Rinoceronte negro
Elefante africano de bosque
Orangután de Sumatra
Tortuga carey

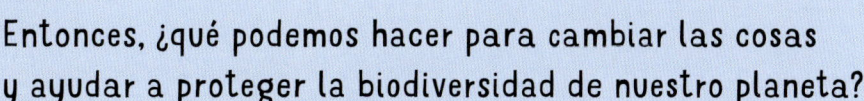

Entonces, ¿qué podemos hacer para cambiar las cosas y ayudar a proteger la biodiversidad de nuestro planeta?

 **¡Ya has dado el primer paso!** Todos necesitamos informarnos sobre las amenazas que sufre el mundo natural.

 **Puedes reciclar y reducir el desperdicio.**

 Cambia la forma en que te desplazas. Camina, usa la bici o el transporte público en vez de coger el coche.

 **Consume menos agua,** dándote duchas más cortas y cerrando el grifo mientras te lavas los dientes.

 Busca recetas que utilicen frutas y verduras de temporada compradas en tiendas y granjas locales.

 **Planta flores** productoras de néctar para ayudar a preservar la población de abejas del planeta.

¡JUNTOS PODEMOS LOGRAR UN CAMBIO POSITIVO PARA NUESTRO PLANETA!

SEGUNDA OPORTUNIDAD

En 2002, la **iguana azul** era uno de los reptiles en grave peligro de extinción, y solo quedaban **15** ejemplares en las islas Caimán.

Esta peculiar criatura iba de cabeza a la extinción debido a una combinación de factores: la urbanización, las molestias causadas por la presencia del ser humano, el tráfico y los depredadores.

Dieciséis años después, gracias a un exitoso programa de cría, ¡la iguana azul número **1.000** fue devuelta a su hábitat natural!

Echa un vistazo a estas palabras del libro.
¡Te resultarán útiles para escribir sobre tus animales favoritos!

Bolsa incubadora
Bolsillo de piel que protege a las crías de algunos peces, pingüinos y ranas.

Cadáver
Cuerpo de un animal muerto.

Camuflaje
Revestimiento o pelaje que permite a un animal u objeto mimetizarse
con su entorno.

Casco
Recubrimiento duro de los dedos de las patas de animales como los caballos
y los ciervos.

Colonia
Grupo de animales de la misma especie que viven en un mismo territorio.

Depredador
Animal que caza y se alimenta de otros animales.

Desierto
Zona de tierra seca con pocas plantas.

Ecuador
Línea imaginaria que rodea el centro de la Tierra, a medio camino entre
los polos norte y sur.

Fósil
Restos o vestigios de un animal o planta antiguos incrustados en tierra
o en piedra.

Garra
Uña de un ave.

Hábitat
Entorno natural de una planta o un animal.

Hibernación
Periodo de sueño o actividad mínima durante el invierno.

Madriguera
Cueva o túnel que un animal excava para resguardarse o dormir.

Mamífero
Animal de sangre caliente, con la piel cubierta de pelo o pelaje
y con esqueleto interno.

Pata
Pie de un animal.

Presa
Animal que es cazado y sirve de alimento a otros animales.

Queratina
Proteína animal que se encuentra en cuernos, picos, cascos y uñas.

Reptil
Animal de sangre fría, con escamas o placas en su piel
y esqueleto interno.

Roedor
Mamífero pequeño que roe y tiene grandes dientes delanteros,
como las ratas y los ratones.

Sabana
Llanura cubierta de hierba y matorrales.

Selva tropical
Bosque denso, húmedo y de hoja perenne, normalmente situado
en regiones tropicales.

Temperatura
Medida para expresar el calor o el frío de algo.

Tundra
Llanura cubierta de hielo y nieve que se encuentra en regiones polares
y de alta montaña.

¡Pon a prueba tus conocimientos sobre el mundo animal! Puedes encontrar las respuestas al final de la página, ¡pero no hagas trampas!

1. ¿Cuántas especies de mamíferos viven en nuestro planeta?
A) 600
B) 6.000
C) 25.000

2. ¿Cuándo aparecieron los primeros mamíferos en la Tierra?
A) Hace 210 millones de años
B) Hace 21 millones de años
C) Hace 2 millones de años

3. ¿Qué afirmación es incorrecta?
A) Todos los mamíferos tienen sangre caliente.
B) Todos los mamíferos tienen esqueleto óseo.
C) Todos los mamíferos ponen huevos.
D) Todos los mamíferos respiran oxígeno.

4. ¿Cuánto tiempo aguanta un pingüino emperador bajo el agua?
A) 32 minutos
B) 19 minutos
C) 9 minutos y medio

5. ¿Cómo se llaman las cuatro capas de la selva tropical?
A) Superior / Paraguas / Línea de ramas / Barrizal
B) Techo / Cubierta / Tierra media / Duna de arena
C) Emergente / Bóveda / Sotobosque / Suelo

6. ¿A qué velocidad tendrías que correr para alcanzar a un guepardo?
A) 114 km/h
B) 82 km/h
C) 50 km/h

7. ¿Cuántas heces produce un elefante en un año?
A) 36.000 kilos
B) 22.000 kilos
C) 6.000 kilos

8. ¿Cuál es el lugar más cálido de la Tierra?
A) El desierto de Gobi, en China.
B) El desierto de Karakum, en Asia.
C) El desierto de Lut, en Irán.

9. ¿De qué está llena la joroba de los dromedarios?
A) Agua
B) Arena
C) Grasa

10. ¿De qué color es el pelaje del oso polar?
A) Negro
B) Blanco
C) Transparente

Respuestas: 1.B. 2.A. 3.C. 4.A. 5.C. 6.A. 7.A. 8.C. 9.C. 10.C